ANALISI TECNICA AVANZATA PER IL FOREX

Porta la tua analisi tecnica su un altro livello

per maggiori profitti

WAYNE WALKER

Indice

Introduzione

Congratulazioni per la tua copia personale di *Analisi tecnica avanzata per il Forex*. Continuiamo il nostro viaggio iniziato col primo libro per acquisire una conoscenza più ampia ed approfondita dell'analisi tecnica per il Forex. L'enfasi rimane sull'applicazione pratica. Verrai introdotto a nuove strategie e alle competenze necessarie per applicarle. Esamineremo, inoltre, degli indicatori di analisi tecnica avanzata che potranno far aumentare le tue possibilità di guadagno.

I capitoli finali riguarderanno l'analisi tecnica *fondamentale* e la psicologia del trader, che viene spesso trascurata. Queste sezioni sono un bonus per qualsiasi tipo di trader. Grazie per aver scelto questo libro!

CAPITOLO 1:
Elementi essenziali dei grafici

Elementi essenziali per leggere i grafici

grafici sono lo strumento più prezioso per i trader. In quanto tale, userai i grafici più di qualsiasi altro strumento disponibile. Dal momento che questi giocheranno un ruolo così importante nel tuo trading, è importante che familiarizzi con essi. Più avrai dimestichezza con i tuoi grafici, più sarà facile per te diventare un trader di successo.

Per aiutarti a conoscere i grafici e mostrarti come potrai utilizzarli in modo efficiente, andremo a trattare i seguenti concetti: l'impostazione del grafico, il suo riferimento temporale e i diversi tipi di grafici esistenti. Nei prossimi capitoli, parleremo anche di quali siano gli indicatori tecnici utili che potrai applicare ai tuoi grafici per migliorare i risultati del tuo trading. Inizieremo dai concetti più semplici per prepararti velocemente ai contenuti più avanzati che seguiranno.

Impostazione del grafico

Iniziamo dalle basi e andiamo ad osservare come si costruisce un grafico dei prezzi Forex. Una volta apprese le basi, troverai più semplice applicare alla tua analisi tecnica i concetti più avanzati. I grafici per i prezzi valutari sono costruiti su due assi: l'asse X (asse orizzontale) e l'asse Y (asse verticale).

L'asse X corre orizzontalmente alla base del grafico fornendo una *timeline* per tutto ciò che è avvenuto nel grafico. L'azione del prezzo (*price action*) più recente è mostrata sul lato destro del grafico.

L'asse Y corre verticalmente sul fianco destro del grafico e fornisce la scala di prezzo (*price scale*) per il movimento del prezzo sul grafico. I valori più bassi si situano più vicini alla base del grafico, mentre i più alti si trovano nella parte più alta.

Quando combini le due assi, puoi osservare a quale prezzo le due valute sono state scambiate in un momento preciso del passato.

Tipi di grafici

I grafici per il Forex ti danno modo di analizzare il movimento di prezzo di una coppia di valute in diversi formati, dai grafici a barre ai grafici a candela. Avrai la possibilità di scegliere quale formato meglio si addice a te.

L'analisi tecnica è un'abilità che tutti i trader sviluppano e a ciascuno di essi piace praticare questa "arte" con un tipo di grafico differente. Alcuni credono di riuscire a vedere e ad analizzare meglio i supporti e le resistenze con i grafici a linee, altri pensano di estrapolare maggiori informazioni sui movimenti di prezzo nei grafici a barre o a candela. L'analisi tecnica solitamente lavora su questi tre tipi di grafici.

Grafici a linee

I grafici a linee sono il tipo di grafici più elementari. L'analisi tecnica spesso usa questo tipo di grafici per identificare velocemente i livelli di supporto e di resistenza. Questi grafici delineano solamente informazione di base, il che significa che non ti daranno molte altre informazioni per arricchire la tua analisi. Per creare un grafico a linea ti basterà segnare il prezzo di chiusura di ogni arco temporale sul grafico e poi connettere i punti con una linea. Puoi vedere un esempio di grafico a linee qui sotto.

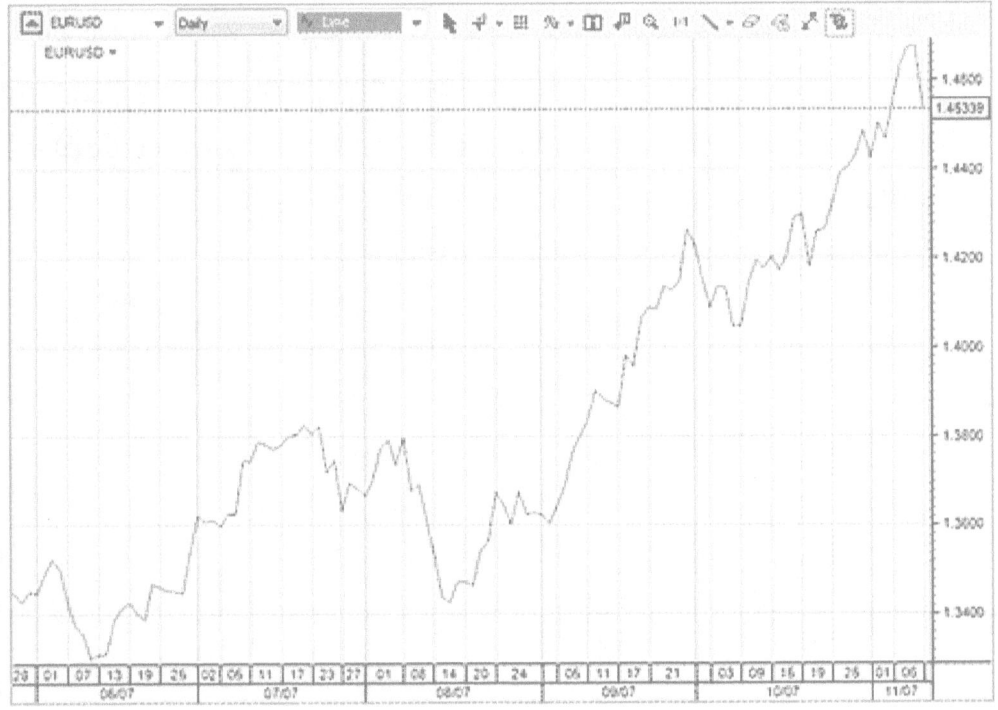

Grafici a barre

I grafici a barre forniscono più informazioni di quelli a linee. I trader che usano l'analisi tecnica spesso utilizzano questi grafici per ricavare più informazioni su come il prezzo di una coppia di valute fluttua durante ogni arco temporale. Mentre i grafici a linee prendono in considerazione solamente il prezzo di chiusura di ogni arco temporale, i grafici a barre mostrano per ogni periodo il prezzo di apertura, il prezzo più alto, quello più basso e, infine, quello di chiusura.

Puoi creare un grafico a barre disegnando una serie di barre sul grafico. Ogni barra rappresenta un arco temporale. Per creare la barra dovrai segnare il punto più alto (*high*) e quello più basso (*low*) raggiunto dalla quotazione nell'arco temporale e connetterli con una linea verticale. Poi, dovrai segnare il prezzo di apertura (*open*) a sinistra, al di fuori della linea che hai disegnato e connettere il punto alla linea con un tratto orizzontale. Infine, dovrai segnare il prezzo di chiusura (*close*) sul lato destro della linea verticale e connettere tramite un tratto orizzontale questo punto alla linea verticale.

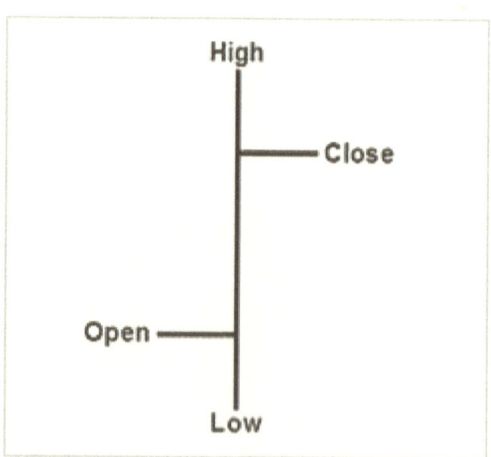

Vedere in che punto la coppia di valute inizia l'arco temporale e compararlo a quello dove finisce può aiutarti ad identificare meglio i trend. Se il prezzo chiude più alto di dove ha aperto, saprai che il trend degli investitori è stato rialzista (*bullish*) nella coppia di valute durante l'arco temporale. Se il prezzo chiude più basso di dove aveva aperto, saprai che il trend degli investitori è stato ribassista (*bearish*) nella coppia di valute durante l'arco temporale. Puoi osservare un esempio di grafico a barre qui di seguito.

Grafici a candela

I grafici a candela forniscono informazioni simili ai grafici a barre ma in un formato leggermente differente. Gli analisti tecnici usano molte volte i grafici a candela al posto di quelli a barre perché è più facile vedere e identificare i vari modelli di negoziazione (*trading patterns*) usando le candele. Infatti, un'intera branca dell'analisi tecnica, l'analisi con candele giapponesi, si è sviluppata a partire da questo tipo di grafici.

Per creare un grafico a candela dovrai disegnare una serie di candele sul grafico. Ogni candela rappresenta un arco temporale. Per creare una candela dovrai segnare il prezzo più alto e quello più basso di un arco temporale e connetterli con una linea verticale. Questa linea è chiamata l'ombra della candela. Poi, segnerai il prezzo di apertura tracciando una linea orizzontale che attraverserà quella verticale, ovvero l'ombra. Una volta che avrai disegnato il prezzo di apertura, dovrai tracciare quello di chiusura disegnando un'altra linea orizzontale, passando attraverso quella verticale. Infine, dovrai colorare l'area che si è formata tra il prezzo di apertura e quello di chiusura. Quest'area viene chiamata corpo della candela.

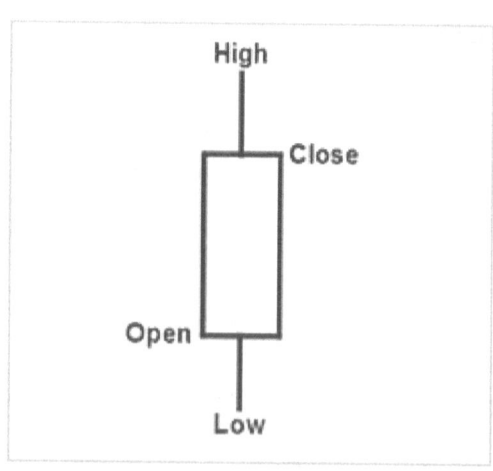

Sapere il punto dove la coppia di valute ha iniziato l'arco temporale e dove l'ha concluso può aiutarti a identificare meglio i trend. Se il prezzo chiude più alto di dove ha aperto, saprai che il trend degli investitori è stato rialzista nei confronti della coppia di valute durante l'arco temporale. Se il prezzo chiude più basso di dove aveva aperto, saprai che il trend degli investitori è stato ribassista nei confronti della coppia di valute durante l'arco temporale

Puoi vedere un esempio di grafico a candela qui sotto.

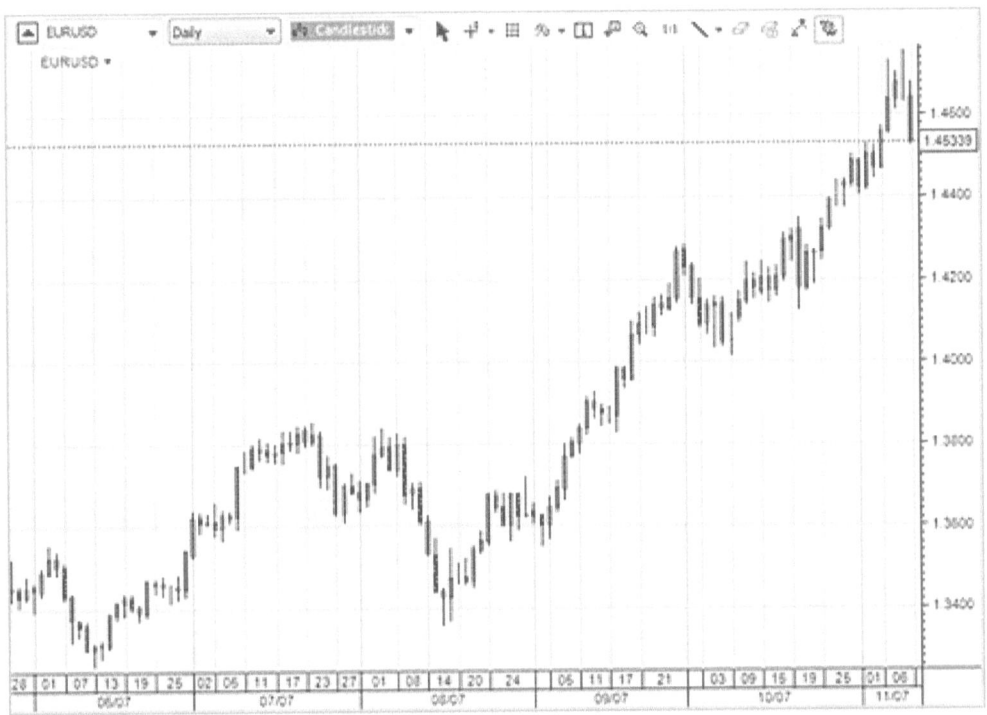

CAPITOLO 2:
Indicatori tecnici

Indicatori tecnici

I grafici raccontano la storia di un mercato. Ma, di tanto in tanto, questi grafici possono raccontare una storia che non sei in grado di capire e, in questo caso, avrai bisogno dell'aiuto di un indicatore. Gli indicatori tecnici sono gli interpreti del mercato Forex. Guardano alle informazioni sul prezzo e le traducono in segnali semplici e facili da capire, in modo da aiutarti a determinare quando comprare e quando vendere una valuta.

Gli indicatori tecnici sono basati su equazioni matematiche che risultano in un valore che viene poi disegnato sul grafico. Ad esempio, la media mobile (*moving average*) calcola il prezzo storico di una coppia di valute e lo segna con un punto nel grafico. Quando il grafico della valuta si muove, la media mobile traccia nuovi punti basati sulle informazioni di prezzo aggiornate del grafico. Infine, la media mobile ti fornisce un'indicazione chiara verso quale direzione la coppia valutaria si sta muovendo.

Ogni indicatore tecnico fornisce delle informazioni uniche. Ti accorgerai che sarai più propenso ad utilizzare alcuni indicatori piuttosto che altri, a seconda del tuo metodo di analisi, ma è importante familiarizzare con molti (se non tutti) quelli che hai a disposizione.

Devi anche essere consapevole delle debolezze degli indicatori tecnici, essi, infatti, prendono in considerazione ai dati storici sul prezzo, quindi non è detto che siano in grado di fornire dati certi su quelli futuri. Gli indicatori tecnici sono divisi nelle seguenti categorie: gli indicatori di trend, gli oscillatori e gli indicatori dei volumi.

Indicatori di trend

Gli indicatori di trend, come suggerisce il nome, identificano e seguendo l'andamento di una coppia di valute. I trader Forex guadagnano più soldi quando le coppie di valute scambiano molto. È quindi fondamentale essere in grado di capire quando una coppia valutaria sta andando forte e quando, invece, sta consolidando. Se riesci a iniziare i tuoi scambi all'inizio del trend e a uscire appena dopo che il trend si è concluso, otterrai dei buoni risultati. Diamo un'occhiata ad alcuni degli indicatori di trend.

Media mobile

La media mobile fa parte degli indicatori più elementari. Essi ti mostrano in quale direzione una coppia valutaria si stia muovendo e quali possano essere i livelli di supporto e resistenza. Le stesse medie mobili possono servire da supporto e resistenza. Mentre andremo ad approfondire lo studio delle medie mobili, tratteremo i tre temi seguenti: come si costruiscono le medie mobili, quali sono i segnali di trading che ci forniscono, quali sono i punti forti delle medie mobili.

Come si costruisce una media mobile?

Le medie mobile si creano utilizzando il prezzo medio di chiusura di una coppia valutaria in determinati momenti per poi disegnare questi punti in un grafico. Il risultato sarà una linea semplice che segue il movimento di prezzo della coppia di valute.

Potrai manipolare la media mobile cambiando l'intervallo di tempo (*time frame*) che l'indicatore deve prendere in considerazione per stabilire il prezzo medio. Le medie mobili che guardano a periodi di tempo più corti sono generalmente più volatili. Quelle che guardano a periodi di tempo più lunghi sono meno volatili.

Segnali di trading della media mobile

Le medie mobile forniscono punti di entrata e di uscita utili per la coppia valutaria su cui stiamo investendo:

Segnale di entrata – Quando una coppia valutaria che si muove verso l'alto rimbalza dopo aver toccato una media mobile rialzista, o quando, in fase di discesa buca la media mobile ribassista.

Segnale di uscita – Quando entri negli scambi mentre la coppia di valute è in fase rialzista, imposta uno *stop loss* sotto alla media mobile. Quando la media mobile si alza, sposta lo *stop loss* più in alto, seguendo la media mobile. Se il prezzo scende al di sotto della media mobile, in questo modo, lo *stop loss* ti farà uscire dalla posizione.

Quando apri una posizione mentre la coppia di valute è in fase ribassista (*short*), metti uno *stop loss* appena sopra alla media mobile. Quando questa si abbassa, sposta lo *stop loss* più in basso, seguendo la media mobile. Se il prezzo sale sopra la media mobile, in questo modo, lo *stop loss* chiuderà la tua posizione.

Punti forti delle medie mobili

Le medie mobili hanno le seguenti caratteristiche: identificano i trend semplici e sono abbastanza flessibili da poter essere utilizzate in *time frame* corti o lunghi. Al contrario di molti indicatori, sono molto facili da capire.

CAPITOLO 3:
Oscillatori

Oscillatori

G li oscillatori sono indicatori che si muovono su e giù seguendo la salita e la discesa della coppia di valute. Essi possono aiutare a determinare la forza del trend in atto di una coppia valutaria e quando il momentum del trend si sta indebolendo e il trend stesso sta per cambiare direzione. Quando l'oscillatore si muove troppo in alto, siamo di fronte ad un ipercomprato (*overbought* – non ci sono più compratori nel mercato per far sì che il prezzo della coppia valutaria si spinga più in alto). Questo indica che la coppia di valute è a rischio di inversione o di un movimento al ribasso.

Quando un oscillatore si muove troppo in basso, la coppia di valute è in ipervenduto (*oversold* – non ci sono più venditori nel mercato da far sì che il prezzo si abbassi ulteriormente). Questo indica che il momentum della coppia di valute si sta esaurendo e che sta iniziando una fase di inversione rialzista. Diamo uno sguardo ai seguenti tipi di oscillatori:

Convergenza e divergenza di medie mobili (MACD)

La convergenza e divergenza di medie mobili (MACD) è un oscillatore in grado di mostrare quando i momentum della fase di scambio passano da *bullish* a *bearish* e viceversa. La MACD può anche rivelare quando i compratori si stanno per esaurire, il che di solito porta a un'inversione del trend della coppia di valute. La MACD sul grafico è solitamente tracciata al di sotto dei movimenti di prezzo. Per saperne di più su questo oscillatore andremo ad approfondire i seguenti argomenti: come costruire la MACD, i segnali della MACD e i punti di forza di questo oscillatore.

Come costruire una MACD

La convergenza e divergenza di medie mobili si costruisce prendendo in considerazione una serie di medie mobili e il modo in cui si relazionano tra loro. La MACD standard guarda alla relazione della media mobile della coppia valutaria a 12 giorni e quella a 26 giorni. Più correttamente, la MACD si basa sulla distanza fra le due. Se la media mobile a 12 giorni è sopra a quella a 26 giorni, la MACD sarà positiva. Se è al di sotto di quella dei 26 giorni, la MACD risulterà essere negativa.

La linea della MACD (MACD *line*) è accompagnata da una *trigger line*. Questa linea non è altro che una media mobile esponenziale a nove periodi della linea della MACD.

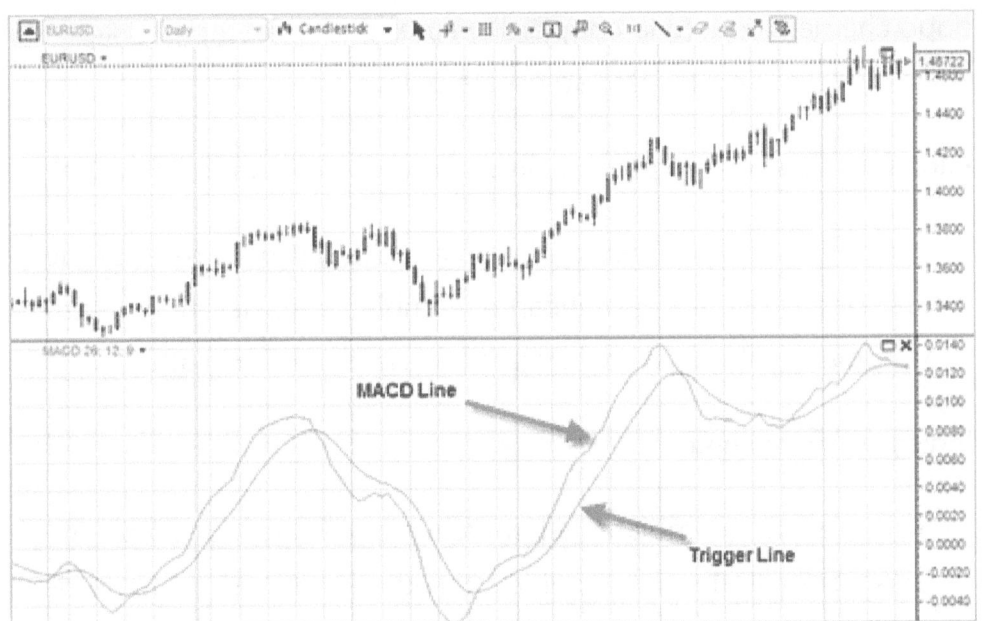

Segnali di trading della MACD

La convergenza e divergenza di medie mobili (MACD) quando incrocia verso l'alto o verso il basso la *trigger line* fornisce dei segnali di trading.

Segnale di entrata – quando la MACD incrocia la *trigger line* verso l'alto, potrai comprare la coppia di valute sapendo che il momentum è passato da *bearish* a *bullish*. Quando la MACD incrocia la trigger line verso il basso, potrai vendere poiché significherà che il momentum è passato da *bullish* a *bearish*.

Segnale di uscita – quando la MACD incrocerà nuovamente la *trigger line* verso il basso, dopo che hai comprato la coppia di valute, potrai vendere val momento che il momentum sta tornando ad essere *bearish*. Quando la MACD incrocerà di nuovo la *trigger line* verso l'alto, dopo che hai venduto la coppia di valute, potrai ricomprare sapendo che il momentum è tornato ad essere *bullish*.

Punti forti della convergenza e divergenza di medie mobili (MACD)

La convergenza e divergenza di medie mobili (MACD) ha le seguenti caratteristiche: aiuta a identificare il cambiamento del momentum di una coppia di valute e a confermare la forza dei trend in atto.

Indicatori dei volumi

Le valute sono scambiate nel mercato interbancario e non in un organismo centrale di scambio, quindi, i dati sui volumi delle transazioni sulle valute non sono disponibili. Senza questi dati non potrai costruire gli indicatori dei volumi. Per questo motivo, nel mercato Forex non vengono usati questi tipi di indicatori. Potrai approfondire l'argomento quando diversificherai le tue operazioni scambiando titoli azionari.

Modelli di trading per regioni

Nord America

I fondamentali si mescolano bene grazie ad una combinazione di indicatori come l'RSI (Indicatore di forza relativa), la MA e la MACD.

Sud Europa

Tra tutti i mercati e gli strumenti differenti, le medie mobili sono usate frequentemente per identificare i trend, mentre l'RSI e gli oscillatori stocastici (*Stochastic oscillators*) sono usati per individuare il momentum e i movimenti laterali del mercato.

Est Europa

La maggior parte delle persone usano la MACD per i trend Forex e le bande di Bollinger per i movimenti laterali.

Nord Europa

Molti abitanti delle regioni del nord Europa scambiano azioni e derivati CFD (*Contract for Difference*). Usando i dati sui volumi di scambi delle azioni spesso si possono prevedere i movimenti di prezzo, tramite l'analisi del momentum prima che i prezzi cambino.

CAPITOLO 4:
Analisi di Fibonacci

Analisi tecnica: Fibonacci

L'analisi di Fibonacci è conosciuta perché è in grado di aiutare a identificare i potenziali livelli futuri di supporto e resistenza, basandosi sullo studio dei trend e delle inversioni di prezzo passati. Questo tipo di analisi si basa sulle scoperte matematiche di Leonardo Pisano, conosciuto anche con il nome di Fibonacci. A lui si deve la scoperta di una sequenza di numeri che ora porta il suo nome: la sequenza di Fibonacci. Questa non è altro che una sequenza di numeri che progredisce come di seguito: 0, 1, 1, 2, 3, 5, 8, 13, 21, 34, 55... Per calcolare che numero viene dopo, basta semplicemente sommare gli ultimi due numeri che precedono il numero che si vuole trovare. Ad esempio, per capire quale numero segue il 55 nella sequenza, basterà sommare 55 e 34 (i due numeri che precedono il numero che dobbiamo trovare). La somma di 55+34 è 89. Questo sarà il numero successivo nella sequenza.

Quello che ha colpito Fibonacci della sequenza non furono i numeri in sé, ma piuttosto le relazioni che esistevano tra i numeri stessi, o le proporzioni create dai vari numeri nella sequenza. Forse, il più importante rapporto è 1,618, conosciuto anche come il rapporto aureo (*golden ratio*). Questo numero può essere trovato in natura e anche nella sequenza di Fibonacci. Ogni numero di questa sequenza, infatti, è 1,618 volte più grande del numero che lo precede in tale sequenza. Ad esempio, 89 è 1,618 volte più grande di 55 (89/55=1,618).

Il *golden ratio* e altri rapporti che esistono all'interno della sequenza di Fibonacci rappresentano gli alti e bassi della vita. Essi possono venire applicati anche al naturale movimento del mercato Forex. In questo capitolo, imparerai come i rapporti di Fibonacci possono essere applicati al Forex usando gli strumenti di analisi seguenti: i ritracciamenti, le proiezioni e i ventagli di Fibonacci.

Ritracciamenti di Fibonacci

Quando una coppia di valute conferma o inverte il suo trend, i trader del mercato Forex ovviamente vogliono sapere quanto a lungo la coppia si muoverà seguendo la nuova direzione. I livelli di ritracciamento di Fibonacci possono aiutare. Alcuni dei rapporti di Fibonacci sono utili quando si cerca di determinare quando una coppia di valute inizierà a ritracciare su un trend precedente. Le proporzioni che userai nelle tue analisi Forex ti aiuteranno a trovare i seguenti livelli di ritracciamento:

61,8 percento	Questo livello viene trovato dividendo un numero nella sequenza di Fibonacci per il numero che lo segue in tale sequenza. (55 / 89 = 61.8%).
38,2 percento	Questo livello viene trovato dividendo un numero nella sequenza di Fibonacci per il secondo numero che lo segue in tale sequenza (34 / 89 = 38.2%).
23,6 percento	Questo livello viene trovato dividendo un numero nella sequenza di Fibonacci per il terzo numero che lo segue in tale sequenza (21 / 89 = 23.6%).

Utilizzerai anche altri tre livelli durante la tua analisi sul ritracciamento. Anche se i seguenti livelli non sono calcolati usando i numeri all'interno della sequenza di Fibonacci, si basano sui livelli di Fibonacci qui sopra:

50 percento	Questo livello si trova calcolando qual è la metà tra 61.8 percento e 38.2 percento ((61.8% + 38.2%) / 2 = 50%).
76,4 percento	Questo livello si trova calcolando la distanza tra 38.2 percento e 23.6 percento (38.2% – 23.6% = 14.6%) e aggiungendola a 61.8 percento (61.8% + 14.6% = 76.4%).
100 percento	Questo livello si determina semplicemente trovando il punto dove è cominciato il trend precedente.

Trovare tutti e sei i livelli di ritracciamento di Fibonacci ti aiuterà a capire quali siano i potenziali livelli di supporto e resistenza che potrai utilizzare nei tuoi scambi Forex. Puoi visualizzare questi livelli di Fibonacci nel grafico giornaliero (*daily*) GBP/USD. Ogni livello illustrato è stato calcolato in base al trend evidenziato dalla freccia rossa. Avresti potuto utilizzare ogni livello per aiutarti a decidere quando entrare e uscire dagli scambi nel momento in cui la coppia di valute ha iniziato ad invertire la sua direzione e a spostarsi verso il basso.

Puoi notare come il prezzo della coppia valutaria si muove su e giù, rimbalzando al di sopra o al di sotto di questi livelli di supporto e resistenza per mesi, fino a quando non ha rotto verso l'alto la resistenza stabilita dal trend precedente (conosciuta anche come il livello dello zero percento) alla fine di ottobre.

Proiezioni di Fibonacci

I trend raramente si muovono solamente in una direzione verso l'alto o verso il basso. All'inizio si muovono in una direzione, poi tornando indietro e seguono la direzione opposta per un po' e poi si invertono di nuovo e ricominciano a muoversi verso la direzione precedente. Questo è il naturale movimento di un trend.

Quando una coppia valutaria riprende il trend precedente, ovviamente i trader Forex vogliono sapere quanto a lungo la coppia si muoverà in quella direzione. La proiezione dei livelli di Fibonacci può aiutare in questo. Alcuni rapporti di Fibonacci sono utili quando si cerca di determinare quanto a lungo una coppia di valute si muoverà dopo aver ripreso il trend precedente. I rapporti che userai nelle tue operazioni ti aiuteranno a trovare i seguenti livelli di proiezione:

161,8 percento	Questo livello si calcola dividendo un numero della sequenza di Fibonacci per il numero che lo precede nella sequenza (89 / 55 = 161.8%).
261,8 percento	Questo livello si calcola dividendo un numero della sequenza di Fibonacci per il secondo numero che lo precede nella sequenza (89 / 34 = 261.8%).
423,8 percento	Questo livello si calcola dividendo un numero della sequenza di Fibonacci per il terzo numero che lo precede nella sequenza (89 / 21 = 423.8%).

Determinare tutti e tre i livelli di proiezione di Fibonacci ti aiuterà a stabilire I potenziali livelli di supporti e resistenza che potrai utilizzare nelle tue operazioni di trading.

Puoi vedere questi livelli di Fibonacci in un grafico giornaliero GBP/USD. Ogni livello illustrato è stato calcolato in base al trend evidenziato dalla freccia rossa. Adesso che la coppia GBP/USD ha ripreso il suo trend, puoi usare ogni livello per aiutarti a determinare in che punto piazzare il tuo *target profit* (livello di uscita) quando scambi questa coppia di valute.

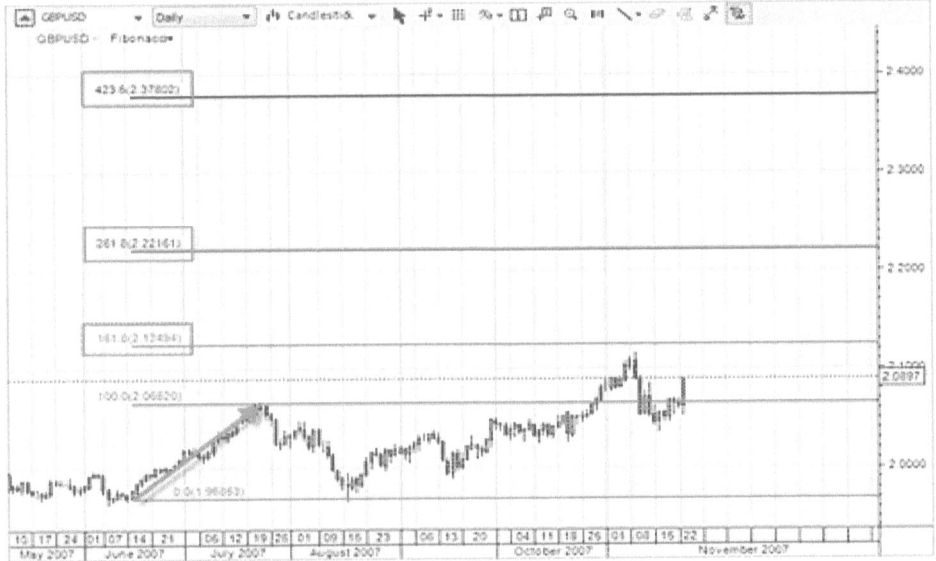

Puoi notare che la coppia di valute, guardando il trend precedente, ha il potenziale per muoversi verso l'alto fino al livello di proiezione del 161,8 percento a breve. Se raggiungesse questo livello, potresti impostare il tuo livello di uscita sul livello di proiezione del 261,8 percento.

Ventagli di Fibonacci

I livelli di Fibonacci forniscono livelli di supporto e resistenza sia diagonali che verticali. I livelli diagonali sono chiamati 'ventagli di Fibonacci'. Questi si basano su tre livelli di ritracciamento di Fibonacci: il 61,8%, il 50% e il 38,2%. Per costruire un ventaglio di Fibonacci, devi seguire questi passi:

1. Identificare un trend

2. Identificare i tre livelli orizzontali di Fibonacci (61.8 percento, 50

percento e 38.2 percento) che si relazionano al trend

3. Disegnare una linea verticale che incroci questi livelli nel punto in
    cui il trend si inverte

4. Disegnare tre linee, ognuna che parte dal punto dove inizia il trend
    e che passa per uno dei punti in cui la linea verticale interseca uno
    dei livelli di Fibonacci

Ora che hai disegnato i tuoi ventagli di Fibonacci, puoi usarli per
proiettare potenziali livelli di supporto e resistenza che potrai usare per
le tue operazioni di trading.

Puoi osservare un ventaglio di Fibonacci nel grafico giornaliero
GBP/USD qui sotto. Ogni livello illustrato è stato calcolato in base al
trend evidenziato dalla freccia rossa. Avresti potuto utilizzare i raggi del
ventaglio per aiutarti a decidere quando entrare o uscire dagli scambi
nel momento in cui la coppia di valute ha invertito la sua direzione.

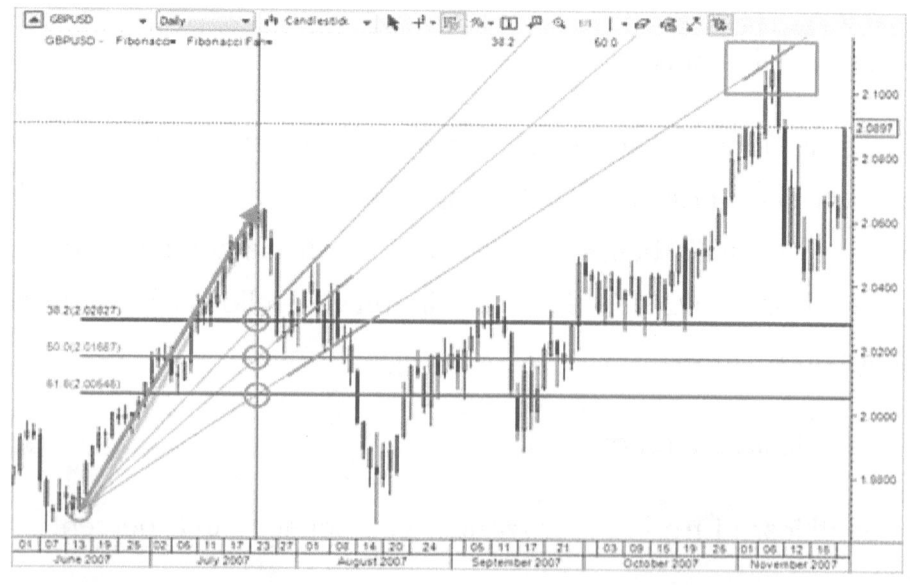

Puoi notare come il prezzo della coppia di valute è rimbalzata per un po' sul raggio centrale del ventaglio di Fibonacci all'inizio di agosto, prima di rompere quel livello verso il basso e dirigersi verso il raggio più basso, dove ha rimbalzato per qualche giorno. È interessante osservare come i livelli create dal ventaglio di Fibonacci continuino ad essere rilevanti anche per il futuro. Si può infatti vedere come la coppia GBP/USD sia rimbalzata verso il basso dopo aver toccato il raggio più basso del ventaglio quattro mesi dopo, a novembre.

Uso in base alle zone: Fibonacci in USA ed Europa

Nell'Europa orientale, Fibonacci è uno strumento molto usato per l'analisi del trend delle maggiori coppie di valute, mentre molti trader americani lo usano per trovare i supporti e le resistenze e per scambiare nei livelli di rottura (*break-out*).

Nell'Europa meridionale, Fibonacci è un indicatore molto comune fra gli strumenti usati dai trader più esperti. Una grande maggioranza di trader usa Fibonacci per analizzare i livelli di rottura. In generale, Fibonacci viene usato per identificare i livelli di supporto e resistenza nel mercato Forex.

CAPITOLO 5:
Pattern di Prezzo

Analisi tecnica: Pattern di prezzo

trader esprimono un voto con i loro soldi. Se credono che il valore di una coppia di valute aumenti, comprano. Se credono che scenda, vendono. Quando si parla di soldi, gli investitori fanno sempre tutto quello che è in loro potere per guadagnare. Spesso le azioni di questi trader danno vita formano un pattern di prezzo sul grafico.

I pattern di prezzo sono formazioni grafiche che forniscono un'idea su cosa pensino gli investitori a determinati livelli di prezzo. Imparare a riconoscere pattern di prezzo differenti ti darà un vantaggio rispetto ai trader che utilizzano solo i fondamentali o gli indicatori tecnici. Immagina di avere la capacità di identificare precisamente i punti di ingresso negli scambi quando una coppia valutaria raggiunge il livello di break-out e la capacità di prevedere di quanto tale coppia si muova una volta superato tale livello di rottura. I pattern di prezzo sono di grande aiuto in questo. Essi sono divisi nelle seguenti categorie: pattern di continuazione e pattern di inversione.

Pattern di continuazione

Gli investitori Forex si chiedono spesso: "Per quanto continuerà questo trend?" Decidere se aprire una nuova operazione nel bel mezzo del trend o se uscire dagli scambi e bloccare i profitti è difficile. Non potrai mai prevedere se una coppia valutaria invertirà la sua direzione e inizierà a muoversi nel senso opposto, o forse sì? I pattern di continuazione ti forniscono in anticipo un segnale su quando è probabile che una coppia di valute continui il suo trend dopo un breve periodo di consolidamento e su quanto a lungo è probabile che la coppia valutaria si muova in quella direzione. Ovviamente, i pattern di continuazione non sono perfetti, ma comunque incrementano le possibilità del tuo successo. Analizziamo ora alcuni dei pattern di continuazione di prezzo più conosciuti.

Pennant

I pennant sono pattern di continuazioni che si formano man mano che il prezzo di una coppia valutaria si muove in un range di consolidamento sempre più stretto. I pennant possono essere sia rialzisti che ribassisti, a seconda di com'era il trend prima che il pennant iniziasse a formarsi. Se la coppia valutaria era in un trend rialzista prima che il pennant iniziasse a formarsi, si parla di un pattern di continuazione *bullish*. Se la coppia valutaria era in un trend ribassista prima che il pennant iniziasse a formarsi, questo sarà un pattern di continuazione *bearish*. I pennant si formano solitamente su periodi di tempo corti. Tutti i pennant hanno le seguenti caratteristiche:

Livello di resistenza (A) – livello di resistenza ribassista che sta convergendo con il livello del supporto.

Livello di supporto (B) – livello di supporto rialzista che sta convergendo con il livello della resistenza.

Pennone (*flagpole*) (C) – il trend che precede la formazione del pennant. Il pennone si estende dall'inizio del trend fino al punto più alto del pennant (*bullish pennant*), o dall'inizio del trend fino al punto più basso del pennant (*bearish pennant*).

Punto di rottura (*breakout*) (D) – il punto in cui la coppia valutaria rompe verso l'alto il livello di resistenza ribassista (*bullish pennant*), o il punto in cui la coppia valutaria sfonda verso il basso il livello di supporto rialzista (*bearish pennant*).

Proiezione di prezzo (E) – il prezzo fino a cui la coppia valutaria si abbasserà dopo che si sarà rotta la formazione del pennant (*bearish pennant*), o il prezzo a cui la coppia di valute probabilmente arriverà dopo che la formazione del pennant sarà rotta (*bullish pennant*). Il valore fino al quale probabilmente si muoverà la coppia valutaria corrisponde all'altezza del pennone.

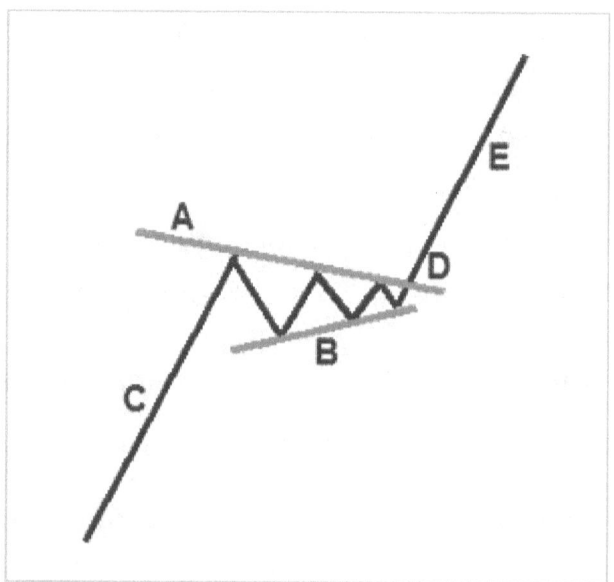

Flag

Le *flag* (bandiere) sono pattern di continuazione che si formano nel momento in cui si verifica una pausa nell'andamento del prezzo di una coppia valutaria, ovvero quando questo smette di seguire il trend predominante e si sposta in un canale parallelo. Le bandiere possono essere sia di tipo rialzista che di tipo ribassista, a seconda di com'era il trend prima che queste iniziassero a formarsi. Se una coppia valutaria era in fase rialzista prima che la bandiera si iniziasse a formare, il pattern di continuazione è *bullish*. Se una coppia valutaria era in un trend ribassista prima che la bandiera iniziasse la sua formazione, il pattern di continuazione è *bearish*. Le *flag* si formano generalmente in piccoli lassi temporali. Tutte le bandiere hanno le seguenti cinque caratteristiche:

Livello di resistenza (A) – livello di resistenza ribassista che è parallelo al livello di supporto (bandiera rialzista – *bullish flag*), o livello di resistenza rialzista che è parallelo con il livello di supporto (bandiera ribassista - *bearish flag*).

Livello di supporto (B) – livello di supporto ribassista che è parallelo al livello di resistenza (*bullish flag*), o livello di supporto rialzista che è parallelo al livello di resistenza (*bearish flag*).

Asta della bandiera (C) – il trend che precede la formazione della bandiera. L'asta della bandiera si estende dall'inizio del trend fino al punto più alto della bandiera (*bullish flag*), o dall'inizio del trend fino al punto più basso della bandiera (*bearish flag*).

Punto di rottura (D) – il punto di rottura in cui la coppia di valute rompe verso l'alto il livello della resistenza ribassista (*bullish flag*), o il punto in cui la coppia valutaria rompe verso il basso il livello di supporto rialzista (*bearish flag*).

Proiezione di prezzo (E) – il prezzo fino al quale la coppia valutaria scenderà dopo la rottura della formazione della bandiera (*bearish flag*), o il prezzo fino al quale la coppia di valute probabilmente salirà dopo la rottura della formazione della bandiera (*bullish flag*). Il valore fino al quale probabilmente si muoverà la coppia valutaria corrisponde all'altezza dell'asta della bandiera.

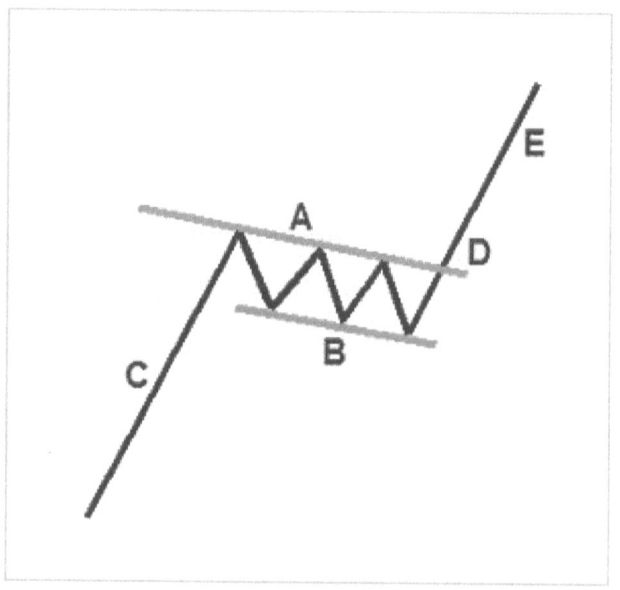

Triangoli

I triangoli sono pattern di continuazione che si formano quando la quotazione di una coppia valutaria raggiunge un livello di supporto o di resistenza piatto e inizia a muoversi in un range di consolidamento sempre più compresso. I triangoli possono essere sia rialzisti che ribassisti, a seconda di quale fosse il trend prima che il cuneo (*wedge*) iniziasse a formarsi. Se una coppia di valute era in un trend rialzista prima che il triangolo iniziasse a formarsi, avremo un pattern di continuazione *bullish*. Se, invece, la coppia valutaria era in un trend ribassista prima che il triangolo iniziasse la sua formazione, avremo un pattern di continuazione *bearish*. I triangoli si formano solitamente in periodi di tempo più lunghi.

I triangoli hanno tutti le seguenti caratteristiche:

Livello di resistenza (A) – livello di resistenza orizzontale (triangolo ascendente o *bullish triangle*), o livello di resistenza che converge con il livello di supporto (triangolo discendente o *bearish triangle*).

Livello di supporto (B) – livello di supporto rialzista che sta convergendo con il livello di resistenza (*bullish triangle*), o livello di supporto orizzontale (*bearish triangle*).

Asta (C) – il trend che precede la formazione del triangolo. L'asta si estende dal punto da dove è partito il trend fino al punto più alto del triangolo (triangolo ascendente o *bullish triangle*), o l'asta si estende dall'inizio del trend fino al punto più basso del triangolo (triangolo discendente o *bearish triangle*).

Punto di rottura (D) – il punto in cui la coppia valutaria rompe verso l'altro il livello di resistenza verticale (*bullish triangle*), o il punto in cui la coppia di valute sfonda verso il basso il livello di supporto orizzontale (*bearish triangle*).

Proiezione di prezzo (E) – il prezzo a cui probabilmente scenderà la coppia di valute dopo aver rotto la formazione del triangolo (*bearish triangle*), o il prezzo fino a cui la coppia valutaria salirà dopo aver rotto la formazione del triangolo (*bullish triangle*). Il valore fino al quale probabilmente si muoverà la coppia valutaria corrisponde all'altezza dell'asta.

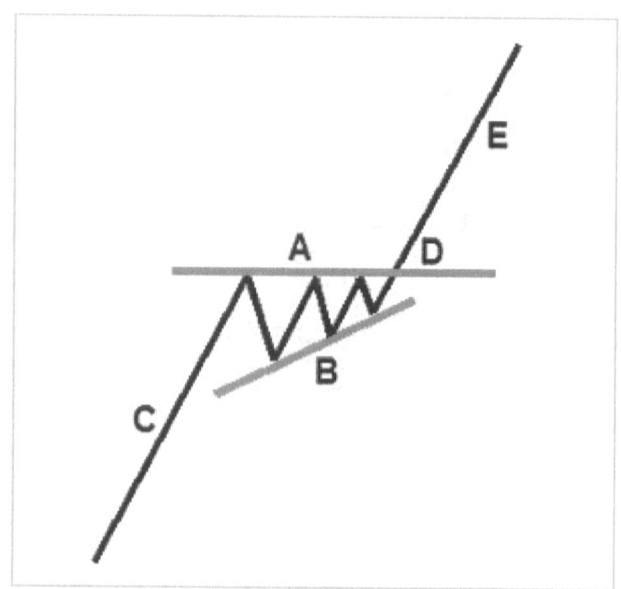

Pattern di inversione

Come abbiamo già detto, gli investitori Forex si fanno spesso la seguente domanda: "Quanto a lungo continuerà il trend?" Capire quando un trend è finite e se è il caso di investire contro il trend precedente è complicato. Non si avrà mai la certezza di quando una coppia valutaria attuerà un'inversione e inizierà a muoversi in senso opposto. I pattern di inversione possono fornire in anticipo un'indicazione di quanto una coppia valutaria potrebbe invertire la sua direzione e iniziare un nuovo trend. Possono, inoltre, fornire delle indicazioni su quanto a lungo la coppia potrebbe muoversi nella nuova direzione. Andiamo ora a vedere alcuni dei pattern di inversione:

Doppi massimi e doppi minimi

I doppi massimi e i doppi minimi sono dei pattern di inversione che si formano quando la quotazione di una coppia di valute tocca due volte il livello di supporto o il livello di resistenza prima di invertire il trend e iniziare a muoversi nella direzione opposta. I doppi massimi sono dei pattern di inversione ribassista, mentre i doppi minimi sono dei pattern di inversione rialzisti. Se una coppia di valute si trova in un trend rialzista, formerà un doppio massimo. Se una coppia valutaria si trova in un trend ribassista, formerà un doppio minimo. I doppi massimi e i doppi minimi si formano solitamente in periodi abbastanza lunghi. Essi hanno le seguenti caratteristiche:

Livello di resistenza (A) – livello di resistenza orizzontale.

Livello di supporto (B) – livello orizzontale di supporto.

Punto di rottura (C) – il punto in cui la coppia di valute sfonda a rialzo il livello di resistenza orizzontale (doppio minimo), o il punto in cui la coppia di valute sfonda al ribasso il livello di supporto orizzontale (doppio massimo).

Proiezione di prezzo (D) – il prezzo a cui probabilmente scenderà la coppia di valute dopo aver rotto la formazione del doppio massimo, o il prezzo fino a cui la coppia valutaria salirà dopo aver rotto la formazione del doppio minimo.

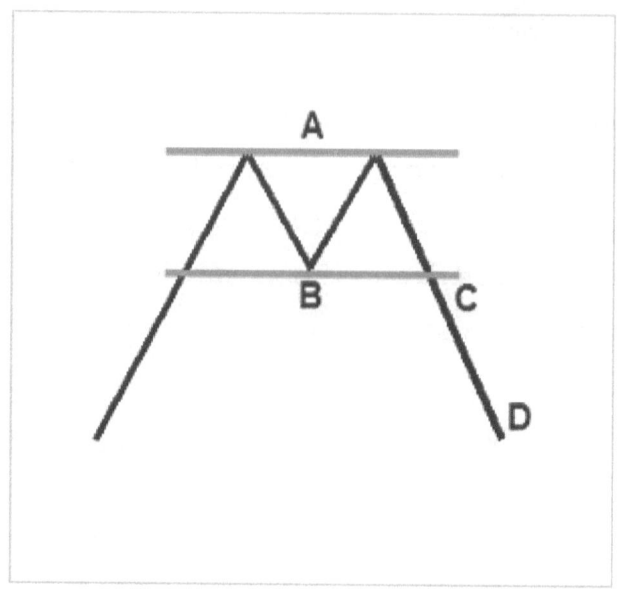

Tripli massimi e tripli minimi

I tripli massimi e I tripli minimi sono pattern di inversione che si formano quando il prezzo di una coppia valutaria tocca il livello di supporto o il livello di resistenza tre volte prima di invertire il trend e iniziare a muoversi nella direzione opposta. I tripli massimi sono pattern di inversione ribassisti, mentre i tripli minimi sono pattern di inversione rialzisti. Se la coppia di valute si trova in un trend rialzista, formerà un triplo massimo. Se la coppia di valute si trova in un trend ribassista, formerà un triplo minimo. I tripli massimi e i tripli minimi si formano solitamente in periodi di tempo abbastanza lunghi.

I tripli massimi e i tripli minimi hanno tutti le seguenti caratteristiche:

Livello di resistenza (A) – livello di resistenza orizzontale o leggermente inclinato.

Livello di supporto (B) – livello di supporto orizzontale o leggermente inclinato.

Punto di rottura (C) – il punto in cui una coppia valutaria rompe al rialzo un livello di resistenza orizzontale (triplo minimo), o il punto in cui una coppia valutaria rompe al ribasso un livello di supporto orizzontale (triplo massimo).

Proiezione di prezzo (D) – il prezzo a cui probabilmente scenderà la coppia di valute dopo aver rotto la formazione del triplo massimo, o il prezzo fino a cui la coppia valutaria salirà dopo aver rotto la formazione del triplo minimo.

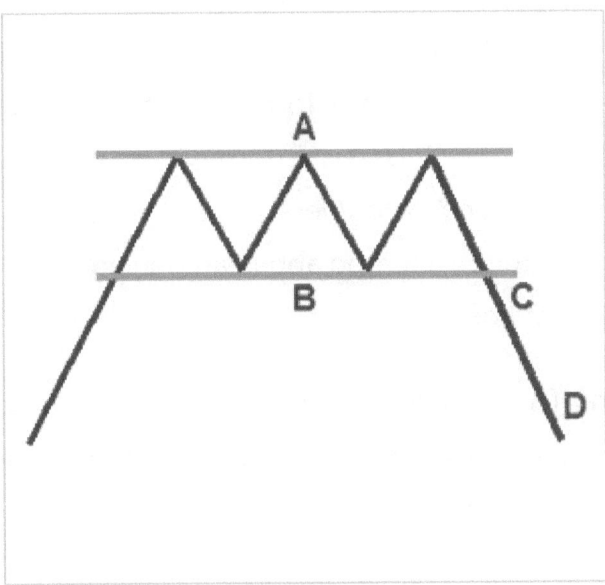

Testa-spalle rialzista e ribassista

I testa-spalle top (*head and shoulders tops*) sono pattern di inversione che si formano quando il prezzo di una coppia valutaria rimbalza su un livello di resistenza (formando la prima spalla), poi sfonda tale livello e tocca il livello di resistenza più alto (formando la testa) per poi tornare in dietro e toccare nuovamente il primo livello di resistenza (formando la seconda spalla).

I testa-spalle bottom (*head and shoulders bottom*s) sono pattern di inversione che si formano quando la quotazione della coppia valutaria rimbalza su un livello di supporto (formando la prima spalla), poi rompe tale livello e tocca il livello di supporto più basso (formando la testa) per poi tornare indietro e toccare nuovamente il primo livello di supporto (formando la seconda spalla).

Gli *head and shoulders tops* sono pattern di inversione ribassisti, mentre gli *head and shoulders bottoms* sono rialzisti. Se una coppia di valute si trova in un trend rialzista, formerà un *head and shoulders top*. Se si troverà in un trend ribassista, formerà un *head and shoulders bottom*. Gli *head and shoulders tops e bottoms* si formano generalmente in periodi di tempo abbastanza lunghi. Essi hanno tutti le seguenti caratteristiche:

Spalla sinistra (A) – livello di resistenza orizzontale (*head and shoulders top*), o livello di supporto orizzontale o leggermente inclinato (*head and shoulders bottom*).

Testa (B) – livello orizzontale più alto di resistenza (*head and shoulders top*), o livello orizzontale, o leggermente inclinato, di supporto più basso (*head and shoulders bottom*).

Spalla destra (C) – livello di resistenza orizzontale, o leggermente inclinato, che è in linea con quello della spalla sinistra (*head and shoulders top*), o livello di supporto orizzontale che è in linea con quello della spalla sinistra (*head and shoulders bottom*).

Neckline **(D)** – livello di supporto orizzontale, o leggermente angolato (*head and shoulders top*), o livello di resistenza orizzontale, o leggermente angolato (*head and shoulders bottom*).

Punto di rottura (E) – il punto in cui la coppia di valute rompe al rialzo sopra la *neckline* (*head and shoulders bottom*), o il punto in cui la coppia di valute rompe al ribasso sotto la *neckline* (*head and shoulders top*).

Proiezione di prezzo (F) – il prezzo a cui la coppia di valute probabilmente scenderà dopo che avrà rotto la formazione del testa-spalle, o il prezzo a cui la coppia di valute ipoteticamente salirà dopo che avrà rotto la formazione del testa-spalle. Il valore fino al quale probabilmente si muoverà la coppia valutaria corrisponde alla distanza tra la testa e la *neckline*.

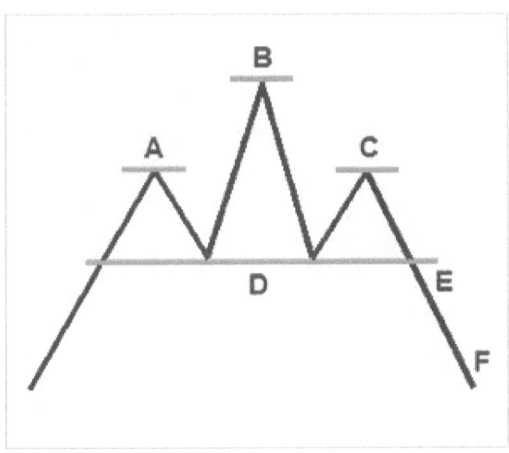

CAPITOLO 6:
Uso di molteplici time frame

Fare trading utilizzando molteplici *time frame*

Gli investitori praticamente di ogni dimensione di conto e di tolleranza di rischio scambiano sul mercato Forex. In ogni momento, gli scalper a breve termine (*short-term scalpers*) e i trader a lungo termine che usano l'analisi fondamentale osservano le stesse coppie valutarie e cercando di capire come piazzare i loro ordini o come aggiustare i loro scambi. Ma, anche se stanno osservando le stesse coppie valutarie, non stanno guardando gli stessi orizzonti temporali (*time frame*) sui grafici. Gli investitori a breve termine probabilmente guarderanno grafici a 5 o 15 minuti, mentre i trader a lungo termine generalmente guarderanno i grafici giornalieri (*daily charts*) o mensili (*monthly charts*).

I trend, le line di supporto e resistenza e gli indicatori tecnici appaiono molto differenti nel grafico a 1 minuto rispetto a come appaiono in quello giornaliero. Per esempio, puoi guardare un grafico ad 1 minuto della coppia valutaria EUR/USD e osservare che la coppia è in un trend ribassista. Se visualizzerai, invece, il grafico giornaliero, vedrai che la coppia valutaria magari si trova in un trend rialzista da settimane. Quindi, quale grafico è corretto? La coppia EUR/USD si trova in un trend rialzista o ribassista? ... dipende dal tuo orizzonte temporale.

Gli investitori Forex normalmente sono orientati ad operare sul trend di lungo termine. Questo ha avuto un periodo di tempo più lungo per consolidarsi e, di conseguenza, sarà necessario un grande *breakout* per far cambiare la sua direzione. Ovviamente, se vedi che i fondamentali di una valuta cambiano o che ci sono delle notizie che la influenzano, potrai operare contro il trend di lungo termine se userai un'efficiente gestione del rischio. Devi sempre tenerti informato sui trend e sui livelli di supporto e resistenza nei *diversi time frame*. Ciò ti permetterà di capire quanto forti sono i diversi trend. Usare molteplici *time frame* nei tuoi grafici ti aiuterà ad ottimizzare la tua analisi tecnica.

Nelle tue analisi tecniche dovresti utilizzare i tre tipi di grafici qui di seguito: il grafico del trend (*long term*), il grafico dei segnali e il grafico del *timing* (*short term*). Una volta analizzato ogni *time frame*, potrai combinarli tra loro per confermare una configurazione ad alta probabilità di successo (*high-probability set up*).

Grafico del trend

Il grafico sul trend ti aiuta ad identificare il trend principale che dovresti utilizzare per i tuoi scambi. Se la coppia valutaria dal grafico del trend risulta essere in un trend rialzista, dovresti comprare. Se la coppia di valute dal grafico del trend risulta essere in un trend ribassista, dovresti vendere. Per capire quel è il *time frame* che dovresti usare per il tuo grafico del trend, prima devi identificare quale *time frame* usi solitamente nei tuoi grafici (dei segnali). Una volta identificato questo *time frame*, dovresti aumentarlo di un *time frame* per trovare quello che dovresti utilizzare sul tuo grafico del trend. La seguente è una lista con i *time frame* più comuni usati nei grafici dei segnali, ti aiuterà a identificare il *time frame* più appropriato per costruire il tuo grafico del trend:

grafico dei segnali a 1 minuto	=	grafico del trend da 15 a 30 minuti
grafico dei segnali a 5 minuti	=	grafico del trend a 1 ora
grafico dei segnali da 15 a 30 minuti	=	grafico del trend a 4 ore
grafico dei segnali a 1 ora	=	grafico del trend a 1 giorno
grafico dei segnali a 1 mese	=	grafico del trend 1 settimana
grafico dei segnali a 1 settimana	=	grafico del trend a 1 mese

Ad esempio, se di solito operi sulla coppia valutaria EUR/USD guardando il grafico a 1 ora, dovresti usare il grafico a 1 giorno per il trend. Se di solito operi sulla coppia valutaria EUR/USD guardando il grafico a 15 minuti, dovresti usare il grafico a 4 ore per il trend.

Una volta identificato il *time frame* che dovresti utilizzare per il tuo grafico del trend, tutto quello che ti resta da fare è determinare quale sia il trend predominante sul grafico. Puoi utilizzare i livelli di supporto e resistenza orizzontali o le medie mobili per stabilire il trend. Puoi osservare suo nostro grafico settimanale della coppia valutaria EUR/USD che entrambi, il livello di supporto diagonale e la media mobile, indicano che questa coppia si trova in un trend rialzista.

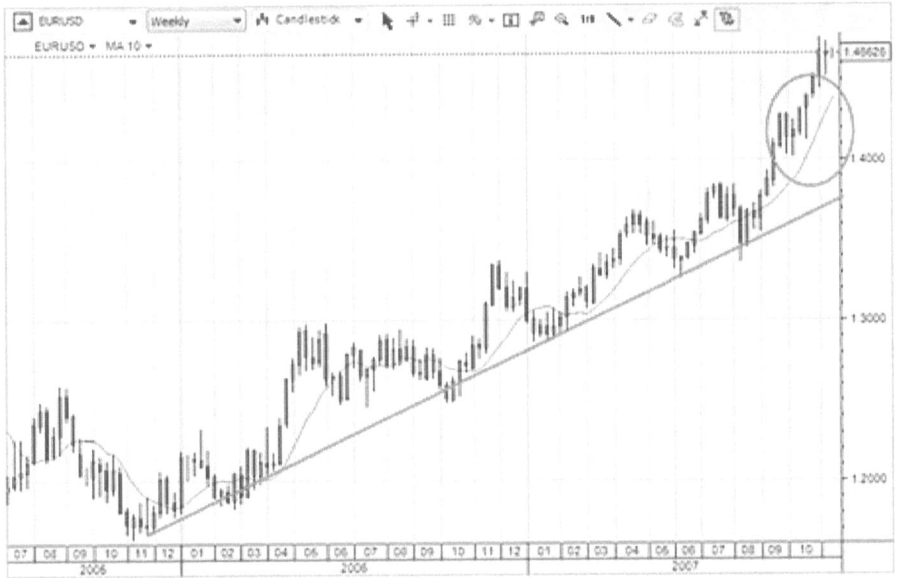

Se vedi dal tuo grafico che il trend è rialzista, dovresti cercare dei segnali di acquisto sul tuo grafico dei segnali. Se vedi che il trend e ribassista, dovresti cercare dei segnali di vendita. Una volta identificato il trend, dovrai quindi identificare dei segnali operativi (*trading signals*) redditizi.

Grafico dei segnali

Il grafico dei segnali è il grafico più importante. Esso fornisce i segnali di scambio che ti dicono quando cercare opportunità di acquisto e quando quelle di vendita, a seconda del sistema di trading che utilizzi. Ad esempio, se usi il *Commodity Channel Index* (CCI) per aiutarti ad identificare i segnali di trading, userai il grafico dei segnali. Non userai l'indicatore del grafico del trend.

Usare il grafico dei segnali insieme a quello del trend ti consentirà di identificare più accuratamente i segnali di trading potenzialmente più redditizi. Ad esempio, se il tuo grafico sul trend ti mostra che la coppia valutaria si trova in un trend rialzista, dovresti cercare solo i segnali di acquisto sul tuo grafico dei segnali. Il miglior modo per trarre vantaggio di una lunga fase di trend rialzista p comprare la coppia valutaria. Se il tuo grafico del trend, invece, ti mostra che la coppia si trova in un trend ribassista, dovresti solo cercare sul tuo grafico dei segnali i segnali di vendita. Il miglior modo per approfittare di una lunga fase di trend ribassista è quello di vendere la coppia di valute.

Il grafico del trend ti consentirà di ignorare I segnali di trading meno redditizi che si formano sul tuo grafico dei segnali. Dal momento che questi segnali vanno contro il trend di lungo termine, è più probabile che non siano redditizi. Ora che hai identificato i tuoi segnali di trading, devi determinare il momento esatto in cui entrare ed uscire dagli scambi utilizzando il grafico del *timing*.

Grafico del *timing*

Il grafico del *timing* (momento di entrata o di uscita) ti aiuta ad identificare il momento esatto in cui dovresti entrare e uscire dagli scambi. Ogni cosa conta quando sei un investitore Forex, quindi più sarai preciso nei punti di ingresso e di uscita, più profitti ne trarrai per il tuo conto. Qui sotto troverai una lista dei *time frame* più comuni per il grafico dei segnali che potrai utilizzare per capire qual è il migliore *time frame* per il tuo grafico del *timing*:

grafico dei segnali a 1 minuto	=	grafico del *timing* in base al numero di scambi (*tick timing*)
grafico dei segnali a 5 minuti	=	grafico del *timing* a 1 minuto
grafico dei segnali da 15 a 30 minuti	=	grafico del *timing* a 5 minuti
grafico dei segnali a 1 ora	=	grafico del *timing* a 15 minuti
grafico dei segnali a 1 giorno	=	grafico del *timing* a 1 ora
grafico dei segnali a 1 settimana	=	grafico del *timing* a 1 giorno
grafico dei segnali a 1 mese	=	grafico del *timing* a 1 settimana

Puoi utilizzare uno dei seguenti metodi per individuare i segnali di entrata ed uscita sul tuo grafico del *timing*:

1. Identificare il trend e i livelli di supporto e resistenza

2. Usare gli stessi indicatori tecnici che usi per generare i segnali di trading

Identifica il trend, il supporto e la resistenza se vedi un segnale di entrata nel tuo grafico dei segnali, vorrai vedere la coppia di valute in un trend rialzista nel grafico del *timing*. Avrai, inoltre, bisogno di vedere che il prezzo della coppia sia più vicino al supporto rispetto che alla resistenza. Questo ti dirà che ha spazio per muoversi più in alto prima di toccare la resistenza. Ovviamente, se avrà appena rotto la resistenza, potrebbe continuare a muoversi verso l'alto.

Se usi un indicatore tecnico, come il *Commodity Channel Index* (CCI), nel tuo grafico dei segnali per calcolare i segnali di acquisto e di vendita, potrai anche usare lo stesso indicatore nel tuo grafico del *timing* per aiutarti a identificare il punto di ingresso e uscita degli scambi. Ad esempio, se avessi usato il CCI sul tuo grafico dei segnali ed esso ti aveva fornito un segnale di acquisto, avresti aggiunto il CCI al tuo grafico del *timing* per assicurarti che ti stesse dando un segnale di acquisto anche in questo grafico. Se il CCI non ti fornisce un segnale di acquisto sul grafico del *timing*, dovresti aspettare fino a quando non te lo dà prima di entrare negli scambi.

CAPITOLO 7:
High-Probability Trade Setup

High-Probability Trade Setup

D iamo un'occhiata a come si presenta una *high-probability trade setup* (configurazione di scambio con grandi possibilità di concretizzarsi) usando l'approccio del trading che utilizza molteplici *time frame*. Analizzeremo un esempio della coppia EUR/USD utilizzando un grafico settimanale per il trend, uno giornaliero per il grafico dei segnali e uno ad un'ora per quello del *timing*.

Per prima cosa, bisognerà controllare il grafico del trend per capire quale sia il trend della coppia valutaria. Come puoi vedere dal grafico settimanale dell' EUR/USD, la coppia si trova in un trend rialzista da un periodo di tempo abbastanza lungo. Sarebbe da sciocchi andare contro questo trend e cercare di vendere la coppia.

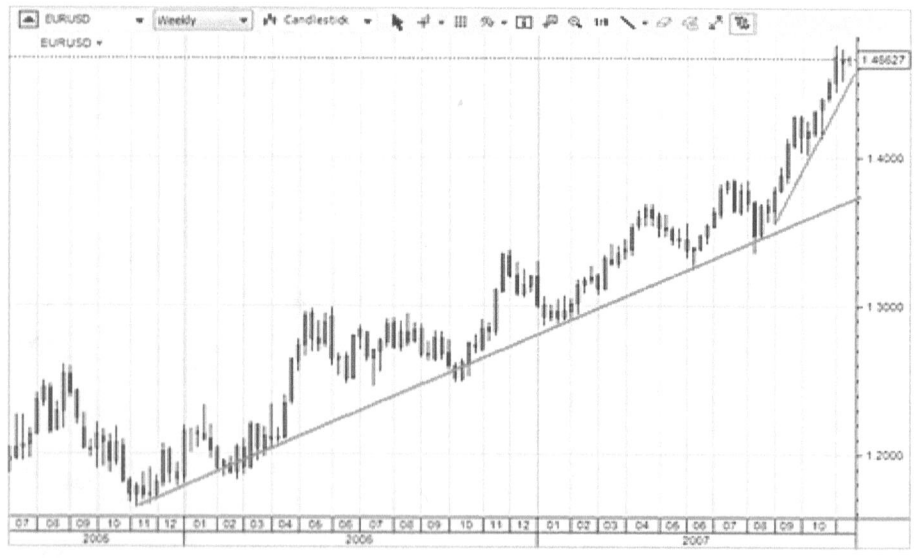

Poi, si dovrà guardare il grafico dei segnali per identificare un buon segnale di acquisto per la coppia EUR/USD. In questo esempio, utilizzeremo il *Commodity Channel Index* (CCI) per generare un segnale di trading. Puoi osservare nel grafico giornaliero EUR/USD che il CCI ci ha fornito un segnale di acquisto nel giorno 10 ottobre, quando è passato dall'essere sotto il 100 all'essere sopra il 100. Anche il trend nel grafico giornaliero EUR/USD si stava muovendo verso l'alto.

Infine, si guarda il grafico del *timing* per identificare un momento adeguato per acquistare la coppia EUR/USD. Puoi notare nel grafico orario EUR/USD che la coppia di valute si trovava in un trend rialzista nel momento in cui si è formato il segnale di trading nel grafico dei segnali. Puoi anche vedere come il CCI nel grafico orario aveva appena fornito un segnale di acquisto circa nello stesso momento in cui il CCI del grafico dei segnali aveva dato il suo segnale.

Vedere il segnale di trading generato sul grafico dei segnali che si allinea così bene con il trend nel grafico del trend e il movimento della coppia valutaria nel grafico del *timing* dovrebbe darti ancora più sicurezza sul fatto che il tuo scambio si riveli redditizio. Usare molteplici *time frame*, in generale, ti fornisce informazioni più accurate sugli scambi.

CAPITOLO 8:
Relazioni intermarket

Relazioni *intermarket*

Il mercato Forex è il mercato finanziario più liquido. Anche se nessun altro mercato finanziario può competere con le dimensioni di quello Forex, questo viene continuamente influenzato dagli altri mercati. Infatti, il mercato dei bond americano può condizionare il valore del dollaro (USD) proprio come il mercato azionario canadese può influire sul valore del dollaro canadese (CAD).

Per diventare un investiture Forex di successo, dovrai capire le relazioni che esistono fra i diversi mercati finanziari del mondo e come queste relazioni influiscono sulla coppia di valute con cui operi. Spesso potrai ricevere un preavviso di cosa sta per succedere nel mercato Forex stando attento a quello che succede negli altri mercati. Ad esempio, se vedi che il prezzo dell'oro sale velocemente, puoi vedere un simile rialzo nel valore della coppia AUD/USD. Una volta che hai imparato a cosa prestare attenzione potrai trarre vantaggio da correlazioni simili che anche i grandi investitori istituzionali stanno osservando. Andremo ora a vedere come i seguenti mercati influiscono sul mercato Forex: il mercato delle materie prime, il mercato dei bond e il mercato azionario

Mercato delle materie prime e mercato Forex

La domanda globale di materie prima ha reso più stretto il rapporto tra il mercato delle materie prime (*Commodity Market*) e quello Forex. Praticamente ogni economia del mondo deve importare alcune delle sue materie prime. Per comprare queste materie prime, gli importatori devono scambiare la loro moneta per la moneta dell'economia da cui importano le materie. Questa transazione fa alzare la domanda per la moneta dell'esportatore, che aumenta di valore. Questa transazione fa anche abbassare il valore della moneta dell'importatore.

Tre delle maggiori valute, il dollaro canadese (CAD), il dollaro australiano (AUD) e il dollaro neozelandese (NZD) sono strettamente legate al valore delle materie prime poiché sono fra i maggiori esportatori di queste. Quando il prezzo delle materie prime sale, il valore di queste monete normalmente sale. Quando il prezzo di queste materie prime scende, il valore di queste monete generalmente scende. Ognuna di queste monete, chiamate *commodity currencies*, legate alle materie prime vengono condizionate da materie prime differenti. Ad esempio, il dollaro australiano è correlato con l'oro. Quando il prezzo dell'oro sale, anche il valore del dollaro australiano sale. Quando il valore dell'oro scende, anche il valore del dollaro australiano scende. Mentre queste correlazioni non sono sempre perfette, vale comunque la pena tenerle d'occhio.

Prestare attenzione agli eventi del mercato delle materie prime, nei prossimi anni potrebbe portarti a dei profitti nei tuoi scambi sul mercato Forex. Sii preparato ad approfittare non solo delle monete che si rafforzeranno quando i prezzi delle materie prime saliranno, ma anche di quelle il cui valore si indebolirà.

Mercato dei bond e mercato Forex

Dopo il mercato Forex, il mercato globale dei bond è il secondo mercato finanziario del mondo. I governi, le istituzioni e gli investitori individuali partecipano tutti attivamente in questo mercato, e ognuno di questi partecipanti cerca la stessa cosa: il profitto!

I bond governativi costituiscono la percentuale più grande del mercato globale dei bond. Questi bond sono solitamente visti come investimenti senza rischio perché sono sostenuti dalla buona fede dei governi nazionali. Comunque non tutti i bond governativi sono creati allo stesso modo. Alcuni governi pagano tassi di interessi più alti per i loro bond rispetto agli altri. Gli investitori internazionali prendono in considerazione questi tassi di interesse quando decidono dove investire i loro soldi. Solitamente, i bond con interessi più alti sono più attraenti per gli investitori fintanto che le economie che li emettono siano relativamente stabili.

Gli investitori che vogliono comprare dei bond governativi devono acquistarli con la valuta del governo che li emette. Se gli investitori internazionali vogliono comprare dei bond governativi americani, prima dovranno cambiare la loro moneta in dollari americani (USD). Questo aumento nella domanda di dollari americani (USD) fa alzare il valore dell'USD. Allo stesso tempo, la maggiore disponibilità delle monete internazionali sul mercato fa diminuire il valore di queste.

Sapere quali governi offrono tassi di interesse più alti per i loro bond governativi e sapere quali bond sono più popolari tra gli investitori internazionali ti aiuterà a capire quali valute comprare e quali vendere.

Mercato azionario e mercato Forex

Gli investitori individuali nel mondo sembrano osservare il mercato azionario più da vicino rispetto a qualsiasi altro mercato. Le azioni sono entusiasmanti, esistono da un po' ormai e la maggior parte degli investitori possono relazionarsi alle aziende di cui comprano le azioni. Quando i tempi sono buoni nel mercato delle azioni, i soldi ci si riversano dentro. Quando i tempi sono più duri, i soldi escono.

La globalizzazione ha reso più facile per gli investitori di nazioni diverse investire nei mercati degli altri paesi. Se gli investitori vedono che le azioni negli Stati Uniti stanno andando bene, corrono a comprare quelle azioni. Se notano invece che le azioni del Giappone iniziano a performare meglio delle azioni in Europa, tolgono i loro soldi dal mercato Europeo e li investono in quello giapponese. Le azioni vengono scambiate nella moneta dell'economia del paese a cui appartengono. Per investire nelle azioni statunitensi, gli investitori esteri devono prima convertire le loro monete in dollari americani (USD). Questo fa sì che la domanda di USD sia più alta e ciò porta all'aumento del valore del dollaro americano. Allo stesso tempo, la maggiore disponibilità sul mercato delle valute internazionali ne fa decrescere il loro valore.

Gli investitori Forex osservano attentamente le performance dei mercati azionari. Se il mercato azionario in una nazione inizia a fare meglio del mercato azionario di un'altra nazione, i trader Forex sanno che altri investitori probabilmente sposteranno i loro soldi dalla nazione con il mercato azionario più debole a quella col mercato azionario più forte. Ciò farò sì che la valuta del paese con il mercato azionario più forte aumenti di valore, mentre quella del mercato azionario più debole perda valore. Comprare la valuta della nazione con il mercato azionario più forte e vendere quella del paese con il mercato azionario più debole potenzialmente ti farà fare un bel profitto.

CAPITOLO 9:
Elementi essenziali dell'analisi fondamentale

Un'economia forte incrementa il valore della moneta

Le economie forti generalmente hanno delle monete forti, le due cose sono collegate. Quando un'economia sta andando bene, di solito, significa che le imprese sono redditizie, la maggior parte della forza lavoro è impiegata e, nella grande maggioranza dei casi, i tassi di interesse stanno aumentando. Queste caratteristiche di un'economia forte ti porteranno dei benefici in quanto investitore Forex.

I tassi di interesse in crescita sono uno degli indicatori più attendibili dell'aumento del valore di una valuta, e le banche centrali in giro per I mondo determinano i tassi di interesse nelle loro rispettive economie. Queste banche centrali solitamente alzano i tassi di interesse quando l'inflazione, calcolata con l'indice dei prezzi al consumo (CPI) e l'indice di prezzi alla produzione (PPI), inizia ad aumentare troppo velocemente.

La crescita economica dà vita all'inflazione. I fondamentali sono: più forte è l'economia, più alta è la domanda di lavoratori. Mentre la domanda di lavoratori aumenta, anche i salari di questi aumentano. Più soldi i lavoratori portano a casa con il loro stipendio, più soldi hanno da spendere in beni al dettaglio, in macchine e in abitazioni. Quando la domanda di beni e servizi cresce, anche il prezzo di questi beni e servizi sale, in una parola: inflazione.

Naturalmente, se le banche centrali osservano gli indicatori di inflazione (come il CPI e il PPI) nel loro processo decisionale, dovrai presumere che saranno anche interessati a guardare gli indicatori di forza economica col fine di stabilire quanto forte è un'economia, e stai pur sicuro che lo faranno. Le banche centrali osservano i seguenti indicatori economici fondamentali per valutare la forza di un'economia e tu dovresti fare lo stesso: il prodotto interno lordo (PIL), *il Non-Farm Payrolls* (NFP), gli ordini di beni durevoli e le vendite al dettaglio.

Prodotto interno lordo (PIL)

Il prodotto interno lordo (PIL) è il più ampio misuratore del valore aggregato dell'attività economica disponibile. Riportato ogni tre mesi, la crescita del PIL è ampiamente vista come un primo indicatore della forza dell'economia.

Il PIL rappresenta il valore totale della produzione di un paese durante un periodo di tempo e comprende gli acquisti dei beni prodotti internamente e dei servizi da parte delle singole persone, delle imprese, degli attori internazionali e del governo. Dal momento che i rapporti sul PIL sono spesso soggetti a grande volatilità di trimestre in trimestre e a revisioni, conviene seguire l'indicatore in base annua. È utile seguire il trend del tasso di crescita di ognuna della maggiori categorie del PIL al fine di determinare quali siano le forze e le debolezze dell'economia. Una figura alta del PIL è spesso associata all'aspettativa di tassi di interesse maggiori, che è frequentemente positiva, almeno parlando nel breve termine, per la valuta coinvolta. Questo rimane vero a meno che le aspettative sull'incremento dell'inflazione non minino simultaneamente la fiducia sulla valuta stessa.

Non-Farm Payrolls (USA)

Questo rapporto è un misuratore del numero delle persone che hanno un impiego al di fuori del settore agricolo. I cambiamenti mensili di questo tipo di impiego riflettono il numero netto dei nuovi posti di lavoro creati o persi durante il mese e questi cambiamenti vengono ampiamente seguiti come un importante indicatore dell'attività economica.

Il *Non-Farm Payroll* è uno degli indicatori mensili fondamentali che riguardano il valore aggregato dell'attività economica poiché abbraccia ognuno dei settori più importanti dell'economia. È, inoltre, utile per esaminare i trend sulla creazione di posti di lavoro in diverse categorie industriali poiché i dati aggregate possono celare significative deviazioni in trend industriali sottostanti. Le grandi crescite nell'impiego non agricolo sono viste come segni di una forte attività economica che può, più tardi, portare a dei tassi di interessi maggiori che supportano il valore della moneta. Se le pressioni inflazionistiche sono viste in crescita, ciò potrebbe minare la fiducia a lungo termine sulla moneta.

Ordini di beni durevoli

Gli ordini di beni durevoli sono uno tra gli indicatori più importanti per i trend del settore manifatturiero poiché la maggior parte della produzione industriale viene effettuata a seconda degli ordini. Spesso, l'indicatore esclude gli ordini della difesa e dei trasporti perché questi generalmente sono molto più volatili del resto degli ordini e possono oscurare i trend sottostanti molto più importanti.

Gli ordini di beni durevoli sono anche un modo per misurare i nuovi ordini affidati ai produttori nazionali per le consegne immediate o future di beni durevoli. I cambiamenti mensili percentuali riflettono il tasso di variazione di questi ordini. Le quantità e i cambiamenti negli ordini dei beni durevoli vengono presi in considerazione come indicatori del momentum del settore manifatturiero. Incrementi degli ordini di beni durevoli sono normalmente associati ad un'attività economica forte e possono, di conseguenza, portare a tassi di interesse nel breve termine più alti che spesso incrementano il valore della moneta.

Vendite al dettaglio

Le vendite al dettaglio misurano il totale degli scontrini dei negozi al dettaglio. I cambi mensili della loro percentuale riflette il tasso di variazione di queste vendite e sono un indicatore della spesa dei consumatori molto seguito. Le vendite al dettaglio sono un indicatore fondamentale della spesa dei consumatori poiché rappresentano quasi la metà del totale delle spese dei consumatori e circa un terzo dell'aggregato dell'attività economica.

Spesso, le vendite al dettaglio vengono considerate senza le vendite di auto perché queste sono generalmente molto più volatili del resto delle vendite al dettaglio e possono quindi oscurare il trend sottostante molto più importante.

L'aumentare delle vendite al dettaglio è solitamente associata ad un'economia forte e, quindi, a dei tassi di interesse nel breve termine più alti che spesso sono positivi per una moneta nel *short term*.

Indicatori economici regionali

Gli indicatori regionali come il rapporto Tankan sono molto importanti per lo yen e, quindi, hanno un impatto considerevole nei mercati della regione. Anche i *machine order* sono dei dati fondamentali dal momento che influenzano le aziende esportatrici e, di conseguenza, quindi la valuta.

Gli andamenti del CPI di molte nazioni , specialmente dell'Australia, del Giappone e della Cina, sono dei *market mover* (fanno muovere il mercato) e sono tenuti costantemente d'occhio dai trader professionisti.

I numeri del *Purchasing Manager Index* (PMI) mostrano l'andamento del mese e sono un indicatore dell'attività economica nella regione.

CAPITOLO 10:
Psicologia del trading

Psicologia del trading

I trader del mercato Forex non solo devono competere con gli altri investitori di questo mercato, ma anche con loro stessi. Spesso, infatti, come investitore sarai tu stesso il tuo peggior nemico. Dal momento che siamo esseri umani, spesso ci facciamo prendere dalle emozioni. I nostri ego hanno bisogno di essere rassicurati, vogliamo provare a noi stessi che sappiamo quello che stiamo facendo e che siamo in grado di prenderci cura di noi stessi. Le nostre emozioni e i nostri istinti ogni tanto possono combinarsi e portarci al successo nel trading. Ma, la maggior parte delle volte, le nostre emozioni hanno la meglio su di noi e ci possono portare a delle perdite, a meno che non impariamo a controllarle.

Molti investitori Forex credono che l'ideale sia riuscire a separarsi completamente dalle proprie emozioni. Sfortunatamente, questo è molto difficile da fare, quasi impossibile, e alcune delle emozioni in realtà possono migliorare il nostro trading. La cosa più intelligente che tu possa fare è imparare a capire te stesso come investitore. Identificare le tue forze e le tue debolezze per poi scegliere lo stile di trading che più ti si addice. In questo capitolo, impareremo quali sono gli ostacoli psicologici che potrebbero influenzare i risultati delle tue operazioni e cosa puoi fare per superarli. Tratteremo i bias legati all'eccessiva sicurezza di sé, all'ancoraggio, alla conferma e all'avversione alla perdita.

Bias di eccessiva fiducia in sé

L'eccessiva sicurezza in sé è il credere incondizionatamente nelle proprie abilità di trading. Se ti troverai mai nella posizione di pensare che hai già capito tutto, che non c'è nient'altro da imparare e che i soldi del mercato aspettino solo te, probabilmente soffri di questo problema.

Pericoli della fiducia eccessiva

I trader troppo sicuri di sé tendono a mettersi nei pasticci facendo troppi scambi (*overtrading*) o piazzando ordini molto cospicui con l'intenzione di fare grossi guadagni. Alla fine, un investitore troppo sicuro di sé finirà per fare troppe operazione, generando un flusso eccessivo di transazione sul proprio conto o rischiando troppo in una sola operazione che finirà male e gli farà perdere la maggior parte del capitale nel suo conto.

Sei un trader troppo sicuro?

Se vuoi sapere se tendi a fidarti troppo di te stesso, chiediti se sei mai rientrato in uno scambio appena concluso, non perché hai visto un'opportunità di acquisto, ma perché non riuscivi a credere di avere torto. Puoi anche riflettere su se hai mai investito in uno scambio più di quanto fai normalmente solo perché eri sicuro che l'operazione fosse sicura. Se lo hai fatto, devi renderti conto di questa tendenza.

Superare l'eccessiva fiducia in sé

Il miglior modo per superare il problema dell'eccessiva sicurezza nelle proprie abilità è stabilire delle rigide regole di gestione del rischio. Queste dovrebbero perlomeno fissare il numero degli scambi in cui puoi essere nello stesso momento, quanto del tuo capitale sei disposto a rischiare in un singolo scambio e quanto puoi permetterti di perdere prima di prendere una pausa dal trading e rivalutare la tua strategia. Limitando il numero di scambi a cui puoi prendere parte nello stesso momento e il capitale che sei disposto a rischiare, potrai spalmare il rischio sul tutto il tuo portfolio. Fa si che il fallimento sia sostenibile!

Bias di ancoraggio

L'ancoraggio (*anchoring*) è la tendenza a credere che il future sarà o si comporterà in modo simile al presente. Quando ti focalizzi troppo sul presente, non riesci a vedere i cambiamenti drammatici che potrebbero mettersi in atto nel momento in cui la coppia di valute inizia a fluttuare e i fondamentali sottostanti si modificano.

Pericoli dell'ancoraggio

I trader che hanno questa tendenza solitamente si mettono nei pasticci convincendosi che il trend in atto non finirà mai o che l'inversione della forza economica di una particolare nazione sia pressoché impossibile. In breve tempo si legano emotivamente al vecchio trend di una coppia monetaria e continuano a fare operazioni che vanno contro al nuovo trend. Ad ogni scambio perdono sempre più soldi perché si oppongono al trend.

Hai tendenze all'ancoraggio?

Se vuoi sapere se hai delle tendenze di ancoraggio interrogati su questo: hai mai perso dei soldi perché non riuscivi ad accettare che il trend si fosse concluso? Se la risposta è sì, devi renderti conto di avere questa tendenza.

Superare l'ancoraggio

Un buon metodo per superare questa tendenza è osservare i grafici in *molteplici time frame*. Se solitamente operi con i grafici orari, cerca di tanto in tanto di dare un'occhiata anche a quelli settimanali per verificare dove si trovano i livelli di supporto e resistenza a lungo termine e per vedere come sono i trend di lungo termine. Dovresti anche prestare attenzione ai grafici a breve termine per capire quando i trend di breve termine invertono la loro direzione. Espandere la tua prospettiva ti aiuterà ad evitare di focalizzarti solo su un punto.

Bias di conferma

Il bias di conferma è la propensione a cercare solo le informazioni che confermano le convinzioni che già si hanno. Ad esempio, se credi che la coppia EUR/USD salirà, cercherai solo notizie, indicatori tecnici e fattori fondamentali che supporteranno il tuo pensiero.

Pericoli della ricerca di conferme

Gli investitori che cercano attivamente conferme delle loro convinzioni tendono a non vedere i segnali chiave che li avrebbero normalmente protetti da inutili perdite. Cercando di validare le loro convinzioni, questi trader ignorano i fatti. Alla fine, questo comportamento li porta a scommettere contro il trend e a perdere soldi nei loro scambi.

Cerchi sempre conferme?

Se vuoi scoprire se anche tu hai tendenze al bias di conferma, rifletti su quanto spesso nella tua analisi cerchi dei segnali che possano provare che la tua teoria sia sbagliata. Se la risposta è raramente o mai potresti far parte dei trader che hanno questo bias, e devi esserne consapevole.

Superare il bias di conferma

Un modo per superare il bias di conferma è quello di trovare una persona o una community con cui puoi parlare delle tue strategie di trading. La speranza è che questa persona o questo gruppo con cui parli non sia sempre d'accordo con te. Scambiare opinioni con trader che hanno una prospettiva diversa dalla tua e idee differenti ti aiuterà a guardare alle tue operazioni da punti di vista differenti. A volte gli altri trader confermeranno le tue convinzioni. Altre volte, invece, parlare con loro ti farà cambiare idea. Mantenere una mente aperta ti aiuterà ad apprendere nuove strategie e a evitare di rimanere attaccato troppo a lungo a vecchie convinzioni.

Bias di avversione alla perdita

Il bias di avversione alla Perdita si basa sulla teoria che il dolore causato dalla perdita di $1.000 sia maggiore che la gioia che deriva dal guadagno di $1.000. In poche parole, la paura è una motivazione più potente dell'avidità.

Pericoli dell'avversione alla perdita

Gli investitori che temono le perdite sono più propensi a mantenere aperte le posizioni in perdita rispetto ai trader che sanno accettare le perdite a breve termine e spostarsi su scambi più redditizi. Tenere aperte le posizioni in perdita mette a rischio la stabilità del tuo conto, non solo perché ti fa incorrere in delle perdite, ma non ti rende possibile approfittare di altri scambi migliori.

Hai paura delle perdite?

Se vuoi sapere se hai anche tu questa debolezza, chiediti se non hai mai mantenuto una posizione in perdita aperta anche dopo che avevi capito che avresti dovuto uscire, solo perché speravi che la coppia di valute avrebbe invertito la sua direzione e ciò avrebbe diminuito le tue perdite. Se lo hai fatto, devi prendere atto che hai questa debolezza.

Superare il bias dell'avversione alla perdita

Un buon metodo per superare l'avversione alla perdita è quella di operare con degli *stop-loss* sugli ordini. Molti investitori si autoconvincono che opereranno con degli *stop-loss* mentali, *stop-loss* su cui ragionano e che si ripromettono di rispettare se la coppia valutaria scende sotto a quel valore. Troppo spesso gli investitori poi li ignorano e falliscono nel metterli in pratica. Consentono alle loro emozioni di dominarli e iniziano a razionalizzare la loro scelta per rimanere negli scambi fino a quando questi non invertono la loro direzione. Quando entri in uno scambio, devi inserire lo *stop-loss* nell'ordine. Lascia fuori le emozioni dal quadro.

Conclusioni

ongratulazioni per aver portato a termine la lettura di *Analisi tecnica avanzata per il Forex*. Speriamo ti sia stato d'aiuto e ti abbia fornito degli strumenti necessari per raggiungere i tuoi obiettivi nel mercato Forex e per guadagnare. Il prossimo passo è quello di testare le tue abilità nel trading e far aumentare il tuo capitale di rischio. Questo ti darà la motivazione che ti serve per avere successo.

Ho scritto altri libri su degli aspetti differenti del trading e ho creato dei corsi di investimento, scoprili tutti!

Profilo dell'autore

Wayne Walker è il direttore di una società globale di formazione e consulenza sui mercati di capitali (gcmsonline.info). Ha maturato diversi anni di esperienza nella guida e nella formazione di team di consulenti finanziari e ha gestito team performanti nell'ambito della consulenza privata basata sul *Bench Mark Earnings* (BME).

www.ingramcontent.com/pod-product-compliance
Lightning Source LLC
Chambersburg PA
CBHW022119170526
45157CB00004B/1689